…絕不敢說、
…說錯話？

小心機「換句話說」事典

齊藤勇 監修

楓葉社

前言

「所有煩惱都是人際關係的煩惱。
就算是捨棄世俗的隱士，心底也依舊在意他人的看法。」

心理學家　阿爾弗雷德・阿德勒

若就連拋棄世俗之人也因人際關係感到煩惱，那麼想融入社會生活的我們就更不用說了。

兩人關係的好壞變化，取決於與對方的對話。
光靠語言就可以拉近或疏遠與人的距離。
人生中常會遇到「我不是那個意思……」的狀況。
就算在不小心說出口後試圖解釋，修復關係也不是件容易的事。

此外，即使話的內容相同，但聽者不同時，例如上司、下屬、同事、朋友、家人、戀人等，人們理解的方式也不一樣。還有，我們本身的想法也會影響到該採取何種說話方式，例如想變得更親近的人、想保持距離的人、目前處得不好但想變親近的人……等等。

這時，只要改變措辭，人際關係就能有顯著改善。
壓力山大的關係也能變得輕鬆自在。

這世上有不少易怒、愛抱怨、沒幹勁、任性、高高在上、不受教的人。
當與這些人相處時，表達時的遣詞用字就變得尤為重要。

本書將以心理學為基礎，告訴各位如何表達能避免惹怒對方或讓對方感到不快，還有怎樣的用詞能使對方高興或願意言聽計從。
書中更有列舉許多日常生活中常面臨的情境，方便各位參考。
希望本書能幫助大家學會換句話說以建立良好的人際關係，同時也能避免被他人操弄。

監修　齊藤勇

CONTENTS

前言……2

MISSION 1

操縱人心的第一步

打招呼與回應 客套話

1-1 與愛抱怨的人相處……10
1-2 與自我中心的人相處……14
1-3 利用回應留下好印象……18
1-4 讓優柔寡斷的人得出結論……20
1-5 緩解初次見面的緊張感……22
1-6 巧妙地問出敏感問題……24
1-7 加深信賴關係……26
1-8 營造親近感……28
1-9 讓中意之人喜歡自己……30
1-10 在臨別時留下好印象……32
1-11 利用同情獲得支持……34
1-12 賦予意義來引起興趣……36

MISSION 2

讚美與提升印象的技巧

運用好傢伙人設討得對方歡心

2-1 進一步提升動力 40
2-2 阻止永無止境的謙讓 44
2-3 讓對方心花怒放 48
2-4 不讓人反感的稱讚 50
2-5 與不合拍的人相處 52
2-6 營造雀躍感 54
2-7 讓對方變得積極 56
2-8 讓對方認定不好講話 同時博得好印象 58
2-9 花時間說服對方 60
2-10 扮演弱者以贏得人心 62
2-11 讓中意之人喜歡自己 64
2-12 讓對方「想再見面」 66

MISSION 3

讓對方無法說「NO」的拜託方式

嚴禁濫用！

3-1 激發他人的動力與潛能 70
3-2 把「NO」變成「YES」 74

3-3 讓人在有限的選項中做選擇 78
3-4 讓對方產生「我要加油」的想法 82
3-5 想強加困難的工作時 84
3-6 使人發揮超乎原本能力的力量 86
3-7 減輕重擔使對方做出成果 88
3-8 希望對方一定要記住時 90
3-9 不讓人產生不滿或懷疑的情緒 92
3-10 如何讓人不遲到 94
3-11 不給人高高在上的印象 96
3-12 發出不會讓人產生反抗心理的指示 98

MISSION 4

如何拒絕與迴避

巧妙躲避麻煩事

4-1 守住自尊的同時留下好印象 102
4-2 讓生氣的人冷靜下來 106
4-3 迴避沒有結果的議論 110
4-4 反駁但不搞砸氣氛 114
4-5 不回應他人的自吹自擂 116
4-6 讓麻煩的對象消失 118

4-7 聰明地拒絕麻煩事 120
4-8 圓滿地拒絕討厭的工作 122
4-9 用狐假虎威的方式反駁 124
4-10 迴避試探性提問 126
4-11 成功地拜託完美主義者 128
4-12 拿捏易怒之人 130

MISSION 5

訓斥與循循善誘

讓他人在不知不覺中言聽計從

5-1 提升犯錯者的動力 134
5-2 促使對方想要做某件事 138
5-3 詰問不願反省的人 142
5-4 敷衍消極之人 144
5-5 改善零配合度的狀況 146
5-6 不提醒也能使對方改掉壞習慣 148
5-7 提高話語的可信度 150
5-8 讓對方在不知不覺間接受許多要求 152
5-9 說出缺點以取信於人 154
5-10 負面⇕正面 156
5-11 舉例更能有效傳達 158

MISSION 1

操縱人心的第一步

打招呼與回應客套話

辛苦了。

你說的對。

我住在〇〇，你呢？

請你講清楚。

嗯？

哇～

〇〇，辛苦了。

那麼，再見。

該怎麼才好呢…

最近發生了什麼事嗎？

這很困擾呢…

你幾歲？

能不能說得更詳細一點呢？

所以說？

真的嗎？

欸！

你累了嗎？

你住哪？

我們是同個世代嗎？

僅僅一句招呼或回應，
就能大大改變一個人的印象。
要是能結合客套話靈活地加以運用，
肯定能與人建立良好的關係。
本章就讓我們來學習人際關係的第一步。

那麼，再見。

你是貓派啊，真不錯。

狀態絕佳！

現在，狀況非常嚴峻…

今天非常開心！再見！

哇～嗯？

我們是同個世代嗎？

好吃嗎？怎樣，好吃嗎？

你也是貓派嗎？我也是！

真的嗎？咦！

辛苦了。

〇〇，您辛苦了。

這是我第一次嘗試，你覺得味道如何？

又不關我的事…

該怎麼辦才好呢…

這很困

MISSION

與愛抱怨的人相處

1-1

◎ 這很困擾呢⋯⋯該怎麼才好呢⋯⋯

✕ （又不關我的事⋯⋯）

人只要獲得認同就會對你產生好感

團體中一定會有老是在抱怨或發牢騷的人。但是如果直接對他們說：「你應該適可而止。」是NG的行為。對方不僅會覺得「被否定」，還會反過來責怪你是個「過分的人」。

應付無時無刻都在抱怨……的人時，唯一的解方就是回答：「嗯、嗯」。多數人在覺得自己的想法獲得認同後，會對對方抱有好感。這種現象叫「好意的『互惠原則（Reciprocity）』」，也就是當對方對自己釋出好意時，自己也會想要有所回報。

如何應付抱怨或有不滿的人

總之先給予認同

用「嗯、嗯。」、「對啊。」等詞句回應，透過認同來緩解彼此的壓力。

不要發表個人意見

「這感覺有點像在發牢騷？」或「你說的太過火了吧。」等意見只會帶來反效果。

就算覺得很煩，但表現出一起煩惱的態度會更好，例如「真的辛苦你了……」、「真讓人困擾呢……」、「該怎麼辦才好呢……」等。就算不解決問題也沒關係，只要讓對方有分擔煩惱的感覺，就能讓他／她感到安心。

抱怨的人並不是想要對話

話說回來，經常抱怨的人通常對自己有很強的自卑感。他／她們的心理特徵是心中懷有強烈不安，所以才會忍不住想把累積在心裡的事全都吐露出來。如果不這麼做，心靈就無法獲得平靜。也可以說，這些人是因為害怕被指責，所以才選擇指責他人。

由此我們可以得出一個結論——他／她們抱怨時並不是想要對話。這也是為什麼我們只要傾聽，就能讓對方感到開心。不過對聽者而言，果然還是會覺得：「這與我何干。」因此我們必須要知道這麼做可能會被對方認為是個「願意聽我抱怨的好人」，並對此採取措施，以免「徒增聽抱怨的機會」。話說措施其實也就只有「果斷拒絕」一途，但拒絕時也有個訣竅，那就是要明確傳達拒絕的理由，別讓對方在情感上留下的疙瘩。例如你可以說：「不好意思，我下午3點有訪客……」或者「我今天狀態不太好……」等。請一定要注意這部分若疏於處理，必將引發爭端。

MISSION

與自我中心的人相處

1-2

✕

什麼意思？
能不能說得更詳細一點？

◎

你說的對。

與自我中心的人相處

沒什麼比和自我意識強烈的人交談更痛苦了。當你出於好意想用自己的話給點意見，或進行更深入地提問時，都有可能惹得對方不高興。

和不聽勸諫、不喜歡被打破砂鍋問到底的人說話時，只要盡量集中在給予贊同、共鳴即可。

像是「你說的對。」或「我懂！」等，這類不是意見或反駁的肯定句，都能收穫好的反應。

和自視甚高之人的談話技巧

不要議論或反駁，只需給予贊同即可

「我就是○○」、「我個人認為是○○」等，話語中經常帶有主語的人喜歡獲得他人贊同。

其實這些人是心思細膩、容易受傷的類型

討厭反駁這點其實也反映出這些人背地裡的性格怯懦，且意外地很容易陷入沮喪。

紐約州立大學的心理學家Sidney Shrager用一項溝通實驗證明了這件事。實驗把受試者進行分組，並詢問他們對和其有過怎樣對話的人存有好感時，大部分人的回答都是「以肯定態度給予傾聽的人」。

要注意習慣說「我就是○○」的人！

有些人可能會認為與對方爭論，或駁倒對方很重要。然而，如果感覺溝通上好像有問題時，最好回到原點，洞察對方的感受，同時表示贊同即可。

喜歡獲得他人認同或共鳴的人其實有個共通習慣，那就是這些人有過分主張自我的傾向，例如「我覺得我就是○○的人」或者「我是○○類型的人」。

這類人大多都不是想要聽到反駁或知道更深入的資訊。總之，他們就只是希望自己的意見能被理解，也就是希望有人能給予贊同。自我主張強烈的人往往也很有行動力，但配合度稍嫌不足。此外，這些人雖然舉止強勢，但其實內心既敏感又自卑，所以才會虛張聲勢，也因此必須謹慎地溝通。人的性格會表現在說話方式上，各位不妨試著仔細聆聽。

MISSION

利用回應 留下好印象

1-3

◎ 咦！真的嗎？

✕ 嗯？哇～

改變回話方式就能讓對方留下好印象

為了在與人對話時留下好印象，我們應該要多下點功夫。換言之，在與人溝通時，我們應該要改變一下簡單的回應方式。

摻雜在對話之間的回應通常是「嗯、嗯」或「是」，但若能偶而改成「好厲害！」或「原來如此」等驚訝或感嘆詞，將有助於提升印象。

北卡羅來納大學的Chester Insko博士針對「回話」進行了一項研究，結果證明比起不帶情感的回應，人們對於給予友善回應的人會有更好的印象。光改變回應方式就能改變形象的話，大家真的該馬上試試。

好的回應與普通的回應

嘗試給予友善的回應

「好厲害！」、「我喜歡！」這類友善又積極的表現更加分。

普通的回應「是」、「嗯」

一般說到回應就只是點頭。

MISSION

讓優柔寡斷的人得出結論

1-4

◎ 所以說？

✕ 請你講清楚。

使出促使人做結束的魔法句子

在和優柔寡斷的人說話時，若不小心以強硬的語氣說：「你能不能把話說清楚？」恐怕會讓人對你留下不好印象。

那麼，我們該怎麼在不影響對方情緒的前提下，迫使其做出決斷呢？這時，可以用「所以說？」的問句來促使對方下決定，讓對方回答就是解決的捷徑。

這種把含有催促完成的詞句，帶入對話脈絡中的技巧，運用的是「蔡加尼克效應」。人對於已經結束的事情會失去興趣，但對於未完成的事，則會想要努力把它完成。而這也是為什麼在戲劇等作品來到高潮時，加上「待續」二字，人就會想要繼續看下去。

如何使用 蔡加尼克效應

應用於對話

「所以，是什麼意思呢？」、「所以結論是？」等句子也都能更容易引導對方回答出結果。

應用於銷售商品

若選擇有故事性的系列產品，人們就會想要把全部集齊。

MISSION

緩解初次見面的緊張感

1-5

✕ 你幾歲？

◎ 我們是同個世代嗎？

面對初次見面的人要從會產生親近感的話題下手

想在第一印象給人親近感時，該說什麼好？大部分的人都會對與自己親近的話題產生好感。

紐約大學的Grainne Fitzsimons做了項實驗，內容是一開始先問受試者關於朋友，或者關於同事的話題，接著再詢問其他話題。結果，先被詢問關於朋友的那一方，對於之後問題的回答率更高。

由此可知，能否透過最一開始的對話來產生親近感，將影響到後續的交流。至於話題方面，找尋雙方的共通點是有效做法，譬如彼此是否是個同世代，或有沒有共同興趣等。

什麼話題能產生親近感

挖掘對方的出身地、家人、興趣等

詢問家庭成員或興趣等，然後循著該線索繼續挖掘，對方應該會變得更健談。

從世代、服飾、外觀接近對方

年紀相仿或穿著品味等，從自己能理解的外觀話題下手，是拉近彼此距離的捷徑。

MISSION

巧妙地問出敏感問題

1-6

◎ 我住在○○，你呢？

✕ 你住哪？

先說自己的事會讓對方更願意揭露

向他人提問，尤其是想問一些比較敏感的話題時，有個技巧很有用。

比如想問遭逢的事故，可以說：「其實我年輕時也曾遭遇過重大事故……」像這樣先公開自己的資訊，對方就有可能更願意敞開心房訴說。

這種現象叫「自我揭露」，有許多實驗都證明了此現象的可信度。而且當你自我揭露的內容愈涉足隱私，對方也會更願意坦誠地揭露資訊。

當你想瞭解他人時，也許可以先從自己最難以啟齒的事情開始說起。

自我揭露的有效運用

在聯歡會上與他人拉近距離

想與上司或同事變親近時，運用自我揭露將有助於達到目的。

提問調查

問卷調查或想問內容較難理解的問題等，就可積極運用自我揭露的技巧。

MISSION

加深信賴關係

1-7

◎

你雖然看起來很開朗，
但其實是不是有什麼煩惱啊？

✕

你累了嗎？

類似性格測驗的語句有助於建立信任

這裡還有另一種方式能加深信任。說話時，可以嘗試帶入類似於性格測驗中好像誰都能套用語句。譬如「你看起來一派輕鬆，但其實是個認真的人吧？」或者「你雖然看起來很開朗，但其實是不是有什麼煩惱啊？」等等。當以類似陳述深層心理的方式說話時，能讓對方產生「這個人了解我」的感覺，進而對你產生親近感。這種現象叫「巴納姆效應」，能幫助與他人建立信賴關係。這種類似於性格測驗的句子，能獲得多數人的信任——畢竟人都有煩惱，也都有不為人知的一面。當認為對方看穿自己的內心時，會對其產生信任也就不足為奇了。

巴納姆效應　對誰都適用

傳達與其表面相反的性格

指出他人性格的反面時，對方通常會覺得很準。例如對開朗的人要說細膩，文靜的人則可以說他不拘小節等。

「你現在有什麼煩惱嗎？」

用類似占卜師的口吻詢問時，人都會覺得自己被說中了。這是因為大部分的人都多少有些煩惱。

MISSION

營造親近感

1-8

◎

○○，您辛苦了。

✕

辛苦了。

養成叫名字的習慣能提升好感度！

有數據顯示呼喚他人名字有提升好感度的效果。此現象又稱「喚名效應」，據說比起用人稱代名詞，用名字呼喚能更容易讓人產生親近感。

人從出生起就頻繁地被用自己的名字稱呼，因此在聽到名字時，會無意識地感到親切。此外，還有一種現象叫「姓名字母效應」，這是當文字中含有部分自己名字時，人也較容易有好感。

換句話說，無論在文字或對話中有一部分自己的姓名時，人都會在心中加深對於該人事物的親近感。由此可知，呼喚名字非常有助於加深彼此的關係。

如何運用喚名效應

養成經常叫名字的習慣

「○○，您好。」在腦中時常留意於說話時冠上名字。

在文字資訊中加入名稱

○○公司或○○部門等，在能添加的場合適時加上名字能給人好印象。

MISSION

讓中意之人喜歡自己

1-9

◎ 你也是貓派嗎？我也是！

✕ 你是貓派啊，真不錯。

配合對方的舉止和談話能留下好印象

在沒有任何資訊的前提下想與人變親近時，有個最簡單的技巧叫「鏡像效應」。

雖然這個技巧不過就是簡單模仿對方的言談、動作或態度，但效果卻出奇的好。當對方雙臂交叉時，你也雙臂交叉；對方有「原來如此」的口頭禪時，你就嘗試使用相同的詞彙。由於你是在不知不覺間配合對方，所以對方也會在無意識中對你產生親近感。

此外，配合對方的品味和外表也有相同的效果，因此在食物或寵物等事物上表現出相同偏好也很有效。不過要小心如果模仿得太頻繁，反而會招來對方的厭惡。

鏡像效應的實例

模仿舉止與態度

經常點頭或模仿口頭禪等配合行為，能讓自己無意識間產生同步的效果。

效仿品味

與對方擁有相同嗜好也很有效，例如服裝、食物或喜歡的動物等。

MISSION

在臨別時留下好印象

1-10

✕ 那麼，再見。

◎ 今天非常開心！再見！

最後印象好的話什麼都好

俗話說「結局好萬事好」，而事實也的確如此。

人與人的關係有種現象叫「新近效應（primacy effect）」，意指最後獲得的資訊將左右人的印象。在美國心理學家Norman H. Anderson進行的實驗中，他用了好幾種模式舉行模擬法庭，結果無論在哪種模式下，影響最終判決的都是最後發表的證詞。由此可知，人際關係亦是如此，最重要的是你在最後是否有與對方共度一段有意義的時光。

例如臨別時的招呼有沒有讓對方感到愉快，或者在最後的會議上能留下多好的印象等，都是我們必須著手解決的重要課題。

如何運用新近效應

盡量在後半段發表簡報

簡報或意見交流時，應盡可能晚點再發言，以便讓人們更有印象。

留意最後的招呼

道別時別忘了養成好習慣，說句：「今天很愉快！以後也請多多指教。」

MISSION

利用同情獲得支持

1-11

◎ 現在，狀況非常嚴峻…

✕ 狀態絕佳！

獲得群體支持的技巧

當希望獲得廣大支持時，這裡有幾個方法能幫助各位達到目的。其一，就算只是做做表面工夫，也要讓人們覺得您有很多支持者。

心理學有個專有名詞叫「從眾效應」，又叫「樂隊花車效應」，意指當有醒目的樂隊花車大排長龍時，人們便會想要紛紛加入龐大的人流中。換句話說，只要舉辦醒目的宣傳活動，就能獲得眾多支持。

另外，還有一種利用逆向操作來獲得支持的作法。與從眾效應相反，此方法是展現自己好像快要輸掉的態勢來博取同情票。而這種現象又叫「灰姑娘效應（underdog effect）」，它的原理反倒是利用負面的狀態來獲得支持。

獲得群體支持的技巧

從眾效應

做出醒目的行為以博人眼球，吸引人們大排長龍後，自然能獲得許多人氣。

灰姑娘效應

讓人們知道自己的團隊處於劣勢，以此呼籲大家給予助力以獲得眾多支持。

MISSION

賦予意義來引起興趣

1-12

◎ 這是我第一次嘗試，你覺得味道如何？

✕ 好吃嗎？怎樣，好吃嗎？

在無意間透露間接訊息

想要引起他人興趣時，太直接地要求對方回答並不是個好辦法。根據心理學家Kathleen D.Vohs的實驗，人容易對賦予意義的事物抱有好感。

最典型的例子是，比起普通的蛋糕，人們會覺得叫生日蛋糕的蛋糕比較美味。換言之，傳達時替事物賦予意義，就能提升人們對該人事物的印象。例如「第一次做」或「為你做的」等。

除此之外，還有一種心理現象叫作「促發效應（Priming）」，意指人事先接受的刺激，將會在無意間影響其後續的行動。這恰恰解釋了為什麼當我們偶然聞到咖哩香，中午就會想吃咖哩。可以說我們人類真的很容易受到間接或被賦予意義的資訊影響。

有效運用促發效應

利用間接訊息使人主動做出選擇

例如咖哩的話，可以用「香辣令人上癮！」等間接描述來加以誘導、引起興致。

利用照片、文字讓資訊進入潛意識

把欲宣傳的事物以簡單的照片或文字呈現。

MISSION 2

讚美與提升印象的技巧

運用好傢伙人設討得對方歡心

今年流行的綠色，很適合你呢！

有什麼問題嗎？

這是因為你總是很努力呢！

有那回事啦～

你不認為嗎？但是…

的設計呢。

你的服裝品味很好欸，我一直都這麼覺得！

真拿你沒辦法，只有這次，下不為例…

你的服裝品味一直都很好呢！

可能有

我喜歡你！

你選的這塊錶面，讓我覺得你「很有品味」！

不不…不過，我也喜歡你謙虛的態度呢～

你好厲害！欸，

你有什麼困擾嗎？

可以啊！

今天也是一副惹人厭的嘴臉…

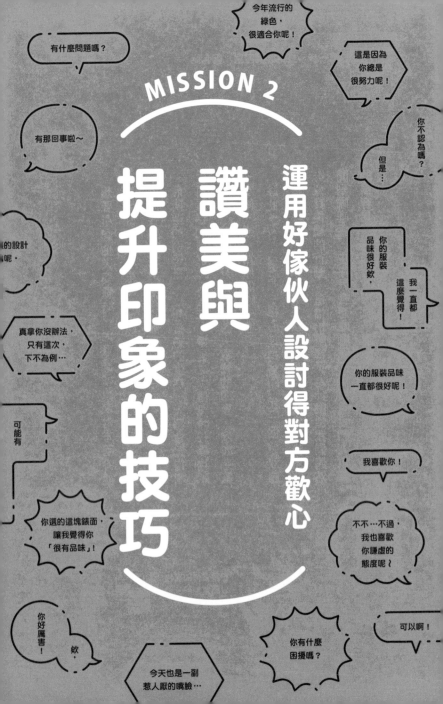

沒有人不喜歡被稱讚。

但昧著良心稱讚他人不只自己會備感壓力，

還很有可能被對方識破。

因此本章就要來教各位如何高明地討得歡心。

你好厲害！

欸，

那塊錶的設計很酷呢。

這樣啊…

那麼，再說吧…

週末要不要去____？聽說那裡有首次舉辦的○×活動！

我有點需要幫忙…

你不認為嗎？

但是…

我只喜歡你！

聽說週末____，有○×的活動。

接下來等下次見面再說吧。

什麼時候能再見面？

下次

可以啊！

有那回事啦～

今年流行的綠色很適合你呢！

有什麼問題嗎？

你的服裝品味很好欸！

我一直

這麼覺

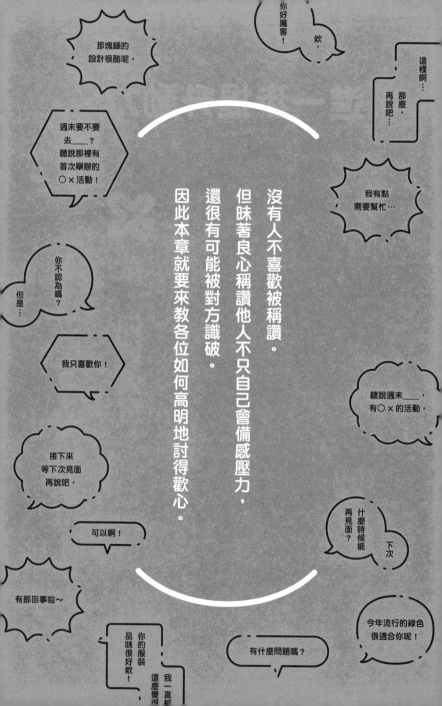

MISSION

進一步提升動力

2-1

✕ 欸，你好厲害！

◎ 這是因為你總是很努力呢！

表達期待比起讚美更能提升幹勁

沒什麼比激勵沒動力的下屬還要困難的事了。到底是該說聲：「加油！」提振士氣，還是該嚴加指導來磨練對方？當然每個人適合的做法各不相同，但其實這裡有個方法很適合用來提升人的動機。

此方法就是向對方確實傳達自己的期待，它在心理學上的名詞是「霍桑效應」，因為它被發現於美國哈佛大學針對一間名叫霍桑的工廠所進行的實驗中，目的是研究如何提升員工的作業效率。

如何鼓舞沒有幹勁的人

委託業務時

詳細說明工作內容與流程。

× 逼到極限還予以指責

如果是沒幹勁的人就不會好好執行業務。

〇持續傳達你非常關心

頻繁聯絡，就算沒什麼動力的人也會變得更積極。

實驗內容調查了工廠內照明等條件，對於工作動力會有怎樣的影響。結果，最能有效提升員工動力的並非任何具體條件，而是參加哈佛大學實驗而受到關注這件事最有影響力。

比起成果更重要的是努力時的鼓勵

此實驗得出了一項結論——人只要感覺在被誰關注，就能維持高度積極性。因此，當想讓消極的人提起幹勁時，頻繁表達關注是很有效的作法。例如「這件事只有你能做到！」或「你很努力呢～」。

當然，稱讚也是提升積極性的好辦法。接下來我要再介紹一個由華盛頓大學心理學家Frank Smoll進行的實驗。

實驗把少棒隊的孩子分成實力相當的2組，一組在指導的同時，持續給予努力方面的鼓勵；另一組在指導時則無。結果，前者的獲勝率高出了6%，而且努力獲得稱讚的孩子紛紛給出「棒球很有趣、很喜歡教練、對自己充滿自信」等反饋。

由此可知，重點不在稱讚結果，而是稱讚「努力」本身。畢竟結果能稱讚的次數有限，但努力卻能不斷地給予讚美。此外，對於沒怎麼努力的人也適用，因為這會讓對方覺得：「你都說到這份上了。」而願意提起幹勁呢。

MISSION

阻止永無止境的謙讓

2-2

✕

有那回事啦～

◎

不不…不過，
我也喜歡你謙虛的態度呢～

瞭解並習慣亞洲的謙遜文化

世上有許多長輩都崇尚「亞洲父母」作風，明明比他人更優秀或更幸運，但依舊習慣貶低自我或自家人。

像是「我一點也不擅長」或「我家孩子真是沒出息～」都是很典型的句子，尤其在受到讚美時，人們總習慣搬出這些話來應對。

確實當被稱讚時，我們很少有人能說聲：「謝謝。」然後坦然接受，也很少有人能巧妙應答。大部分的人應該都是用「沒那回事」的否定句來表達謙虛。可即便如此，這樣的回答也不過只是做做樣子，內心其實都是既欣喜又雀躍的吧。

以和為貴的謙讓對話

貶低自己人
並以消極的態度表達

「我們家的年輕人沒添麻煩吧？」、「不好意思我還是個菜鳥」東方人常以這類句子表示謙遜。

用再否定的句子
結束對話

這時對方則會以稱讚回應道：「您在說什麼呢！這位年輕人很了不起啊。」如此一組對話就結束了。

這時只要用「才沒那回事」再次否定，絕對能滿足對方的期待。不過若只是單純那樣回覆，有可能演變成開始爭論到底「有或沒有那件事」。因此，我建議再否定時，可以連帶說出「證明確有其事」的理由，或外加其他讚美的句子。

冒名頂替症候群（Imposter Syndrome）很難變得正面積極

與前述一般狀況不同，世上有一類人就真的是過分低估了自己。明明有能力相當出眾，且客觀上也從事著光鮮亮麗的工作，然而卻依舊非常自卑。這種心理現象叫「冒名頂替症候群」，其英文名稱中的「Imposter」有騙子的意思，而它指的狀態是「無法客觀評價真實的自我，同時會以貶低的方式來形容自己」。這些人並非謙虛，而是認真覺得無論成果得到怎樣高的評價，心裡都無法滿足，且總是處於極度不安的狀態。

面對這類型的人，我們當然也要用再否定的語句來促使對方自我肯定。但由於對方的這種行為並不一定是出於禮貌的謙虛，想要解決問題並沒有那麼容易。這時，必須把目光聚焦於更根本的地方，協助對方養成正面看待事物的習慣。

這或許不是他人介入就能迎刃而解的問題，但相信這麼做，應該多少能幫到那些總是容易自我否定的冒名頂替症候群患者。

MISSION

讓對方心花怒放

2-3

✕ 那塊錶的設計很酷呢。

◎ 你選的這塊錶面，讓我覺得你「很有品味」！

不同的稱讚方式會給人不同印象

沒有人不喜歡被稱讚，但稱讚的方式和時機有時會讓效果大打折扣。人會對讚美感到開心，尤其是當自己的價值觀獲得肯定的時候。這種心理又叫「自我價值感（self-worth）」。例如，當聽到有人稱讚說：「那塊錶的設計很酷呢。」由於這時對方讚美的是身為商品的手錶，因此，聽者並不會感到特別開心。不過，要是把話改成：「選中這款手錶的你品味真不錯～」也就是當讚美目標變成了好品味時，聽者一定就能感受到對方是在稱讚自己。

綜上所述，讚美的重點就在於我們有多直接地用言語表達對方的優點。與此同時，各位要小心「變可愛了呢」等與過去比較的描述，因為它有暗示以前比較糟糕的意思。

千萬別用的稱讚方式

稱讚隨身物品、服飾

物品本身不等於當事人，稱讚品味更有說服力。

留意與過去比較的稱讚

與對方的過去比較是在批評過去，與熟人比較則等於在批評熟人，應避免這類稱讚方式。

MISSION

不讓人反感的稱讚

2-4

◎

你的服裝品味很好耶，
其實我一直都這麼覺得！

✕

你的服裝品味
一直都很好呢！

變更語序能增加可信度

社交上有習慣客套的文化，因此就算想簡單地說句稱讚，也常常讓人感覺流於形式。

換言之，當我們用理所當然的方式稱讚時，聽在對方耳裡可能不過就是句場面話。在此，我建議各位有時候可以用與平時稍有不同的句型來表達。

例如當你想稱讚對方的服裝時，不要直接說：「今天的衣服很可愛呢！」而是改用倒裝句說：「我覺得很可愛欸！那件衣服。」另外，也可以用「哇，好厲害！」等感嘆句加以強調，藉此增加話語的可信度。

總而言之，讚美他人時不要拘泥於既有句型，真誠且毫不掩飾的說話方式才能讓對方感到開心。

強調真實性的稱讚方式

多用感嘆詞

大量使用「哇～！」或「居然！」等表示驚訝的感嘆詞也有助於表達感情。

多用倒裝句

把形容詞「好〇〇！」提前，傳達情感以增加話語的可信度。

MISSION

與不合拍的人相處

2-5

✕

（今天也是一副惹人厭的嘴臉呢……）

◎

今年流行的綠色很適合你呢！

與不合拍的人適度維持關係的訣竅

如果彼此是同個組織的夥伴，就算性格不和，我想應該還是會想盡量維持關係。

這時，間接地稱讚就能派上用場。如果稱讚主體是服裝或衣著品味而不是本人，即便是處不來的人也能輕易地給予讚美。而且如果喜好與自己一致，自己也比較知道怎麼表達，譬如可以說：「那雙鞋是新款式吧？很適合你呢。」

然而，這並不意味著我們必須要一味地接近對方。賽局理論中，有個策略叫「以牙還牙（tit for tat）」，意指當對方攻擊時，我方亦採取攻擊；反之當對方釋出善意，我方亦以善意回應。這樣一來，我們便能與和不來的對象維持不會過於被動也不會過於激進的關係。

與不合拍的人 保持關係的訣竅

徹底執行「以牙還牙」的原則

對方責備你時，你就責備回去；對方稱讚時，你也稱讚回應。這麼做能讓對方客觀地審視自己的行為。

間接稱讚

稱讚服裝或物品等與自己喜好重疊的事物，這樣就不會覺得很辛苦。

MISSION

營造雀躍感

2-6

✕

聽說週末——
有○×的活動。

◎

週末要不要去——？
聽說那裡有
首次舉辦的○×活動！

把話題的高潮留到最後

提升對話印象的技巧中，有個方法叫「高潮敘事法」。做法是「不要在說話的前半段，而是在後半段再說出結論」。電影和戲劇都經常使用這個手法，因為讓觀眾在最後才得知真相，才能帶給觀眾更深沉的衝擊。

舉例來說，假設各位想邀請朋友去遊樂園玩，若吸引力是超高速雲霄飛車，你就可以說：「下次要不要一起去遊樂園？聽說那裡有超高速雲霄飛車唷！」利用把重點置後的手段，就能讓對方對吸引人的部分留下深刻印象。

此外，洽商或發表簡報時也能充分利用這項技巧，把最想傳達的事項或宣傳重點留到後半，更能令人眼睛為之亮。

高潮敘事法的應用

讓賣點壓軸登場

「各位最在意的價格我們最後再說！」盡量把人們最在意的重點放到最後，吊人胃口更能帶來衝擊。

把簡報資料的重點置後

在準備資料時，我們往往會先列出宣傳重點，但其實擺到後面更容易留下好印象。

MISSION

讓對方變得積極

2-7

◎ 可能有我說明不周的地方…

✕ 有什麼問題嗎？

學會適時展露自己的弱點

當對方表現出謙遜或示弱的態度時，人就會產生想要協助彌補的心理。因此當你希望他人積極發表意見時，可以先展現自己的不足，這樣便能使對方更願意積極給予幫助。

譬如當我們單純地問：「有沒有什麼問題？」可能就沒有什麼人提問，但若改說：「可能有我沒有說明到的部分……」就能促此人們不由地變得積極。而這也可以理解成是因為提問者已事先降低了門檻，讓對方有了就算失敗也沒關係的安全感。

換言之，暴露自己的短處也有利於與他人拉近距離並加深關係。

展現弱點的效果

容許他人自由地發表意見

刻意先說出自己的問題或難以啟齒的事起頭，增加周圍人發言的自由度。

讓對方也願意說出真心話

坦白自己的創傷或問題後，對方也能更坦率地面對自己的問題。

MISSION

讓對方認定不好講話同時博得好印象

2-8

✕ 可以啊！

◎ 真拿你沒辦法，只有這次，下不為例⋯

商務中也能利用反差萌

為了確實交出的成果，做事時必須多方設想。於是乎那些看似好像任何事都願意承擔的「能幹之人」，我們反而會看到對方意外地有許多疏漏。相反那些一開始「感覺有點難搞」的人，只要對方願意承擔工作並負責到底時，我們就會無比感激。

這種類似於反差萌的效果又叫「得失效應（Gain-loss Effect）」，也就是一開始先展現不好惹的面，之後再展現親和的另一面製造反差。只要結果沒什麼問題，屆時對方就會對你改觀。不過要留意若結果不佳，對方的印象只會變得更差。

這項技巧也能應用於談判或指導中。記住要把肯定的答案留到最後，才能產生巨大效果。

如何活用得失效應

傲嬌總是很受歡迎

比起品學兼優的角色，有些表裡不一的角色總能獲得更多支持。

前後對比的表現

如果想要在最後留下好印象，那麼給人的第一印象就要稍微差一點點。

MISSION

花時間說服對方

2-9

✕ 你不認為嗎？但是…

◎ 這樣啊…那麼，再說吧…

多次嘗試勝過窮追不捨

過去有種利於銷售的技巧叫「迴力鏢話術（迴力鏢效應，BOOMERANG effect）」，也就是利用「你是這麼想的吧？但其實……」等說法來說服他人的技巧。不過，最近人們發現其實並沒有那麼有效，於是另一種「單純曝光話術（單純曝光效應，Mere Exposure Effect）」的手法逐漸成為主流。

「我可以改天再來拜訪嗎？」此技巧就是像這樣，不求一次就說服成功，而是配合對方的時間，抓準時機進行交涉。

透過單純曝光的方式與對方反覆見面，能讓人漸生好感。而確實在多次見面的過程中，彼此會逐漸熟悉，甚至覺得對方就像熟人一樣。由此可見在說服他人時不該糾纏不休，多次嘗試才是鐵律。

銷售技巧的今昔比較

過去說服基本上就是要糾纏不休

「不不，你別這麼說…」盡可能緊咬不放，獲得業績才是王道。

果斷放棄並暫時折返才是現代作風

現代的做法是「暫時折返後再次前往」，目的是藉由多次拜訪與對方培養感情。

MISSION

扮演弱者以贏得人心

2-10

◎ 我有點需要幫忙…

✕ 你有什麼困擾嗎？

人喜歡自己幫助過的人勝過於幫助自己的人

假設有幫助者與被幫助者這兩個立場，各位覺得最終哪一方較受歡迎？答案意外地是被幫助者較討人喜歡。

在戲劇中，我們經常能看到受幫助者愛上幫助自己的人。然而，在心理學上卻出乎意料，反倒是幫助者會對自己幫助過的對象產生感情。

實際上，被幫助者在獲得協助後，反應會逐漸趨於冷淡。也就是說如果你不想有痛苦經歷，比起幫助他人，尋求他人幫助才是人生的簡單模式。

當然，一味地有求於人必將遭人厭惡，所以還是要適可而止。

有效的求助方式

向部下或同事求助

在公司內尋求協助時，其實能滿足人潛意識中「想為他人付出」的心理。

志工活動

從事慈善活動能提升人的幸福感。若告知求助是出於公益目的，便能獲得更多的幫助。

MISSION

讓中意之人喜歡自己

2-11

◎

我只喜歡你！

✕

我喜歡你！

利用睡眠者效應（Sleeper Effect）順勢讓人留下記憶！

有限定或特定意義的措辭，能讓人有被特殊對待的感覺。例如比起「我喜歡你」，「我只喜歡你」聽起來感覺更專情、更令人開心。換句話說，只要盡可能用限定的方式向對方表達，就能營造「特殊感」。

不過話說回來，聽到這種話時，人們通常都會心想：「那種話誰都會講吧？」只要是成年人大多都不會信以為真。然而，即使人們剛開始覺得這些話很刻意，但隨著時間流逝，它們會變得愈來愈真實，而這種現象在心理學上叫「睡眠者效應」。就結果來看，終究還是誰的台詞更肉麻，誰就更受歡迎呢。

睡眠者效應發生的過程

不可靠的資訊也會被人記住

無論資訊是否可靠，人對聽到的資訊都會留下片斷的記憶。

只有對自己有利的資訊才會化為事實

隨後大腦將忘記資訊的真實性，卻不會忘記令人印象深刻的片斷資訊。於是就算不確定資訊的真偽，人也會認定它就是事實或可靠的資訊。

MISSION

讓對方「想再見面」

2-12

✕ 下次什麼時候能再見面？

◎ 接下來等下次見面再說吧。

賣個關子是促使人想再見面的巧妙安排

獲取新聞或資訊時，首先進入我們眼簾的就是標題。當看到「〇〇的緋聞對象是？」等釣人胃口的標題時，就算本來沒什麼興趣，也會忍不住想繼續往下讀下去知道答案。

比起已完結的事，人們更難忘記被打斷的事物，而且還會莫名地想知道後續。這種心理現象叫蔡加尼克效應。譬如「這個話題的後續，我們下次見面再說。」或者「那間店有更厲害的東西。」等假裝煞有介事的說法，都是能夠「裝模作樣」的手段。

不過，要注意別做得太過火，否則對方真的會失去興趣。畢竟，這種做法可以是換句話說的好例子，也可以是讓人打消念頭的一把雙面刃。

有效運用蔡加尼克效應

讓對方對下一次留有期待

與人對話時，習慣讓對方總是對下一次懷有很高的期待。

不要全盤托出的技巧

傳達時要刻記得自己擁有的資訊還有用武之地，有所保留才能讓他人始終對話題保持好奇心。

MISSION 3

讓對方無法說「NO」的拜託方式

嚴禁濫用！

給我聽好，我只會說一遍唷。

一定要牢記這件事。

下個月開始會議時間要提前。

雖然不會馬上有結果，但長期來看對你是有利的唷。

做不到也沒關係，試試看吧。

×的話，之內完成吧！

下次要不要一起去吃個飯？

下次要不要去旅行？

請在今天之內完成！

下次也麻煩您了，

請做〇〇。

快點給我去做家事啦。

現在洗衣服或洗碗，你能做哪一個？

一定要牢記這件事！

（說3遍）

大家都做得到，你一定也行！

下次也麻煩您了。

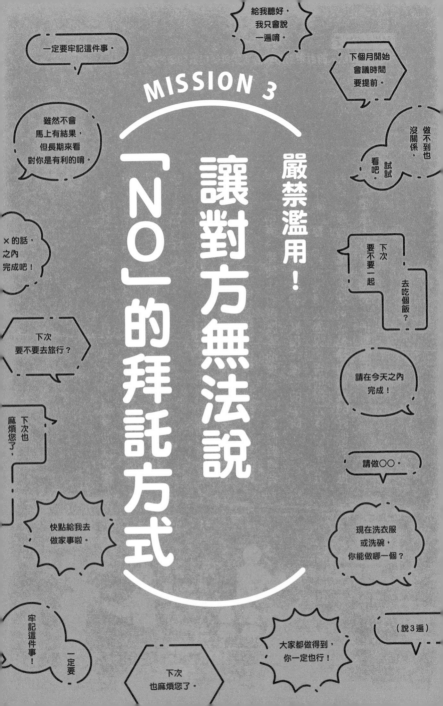

如何才能在不破壞雙方關係的前提下，
有技巧地拜託他人呢？
本章將傳授幾個讓他人想拒絕也拒絕不了、
任誰都只能對你說「YES」的求人禁術。

快點去做家事啦。

請在今天之內完成！

8點55分，集合哦。

如果是我，我會為了未來的成長而嘗試挑戰！

下個月開始，會議時間要提前。

做不到也沒關係，試試看吧。

下次我帶你去喝一杯。

因多數人都同意，下個月開始會議時間將提前。

有間新開的店，要不要一起去？我一個人去有點無聊。

下次要不要去旅行？

9點集合！

下次也麻煩您了。

若是△×的話，今天之內應該能完成吧！

可以請您幫忙做〇〇嗎？

下次要一起去吃個飯？

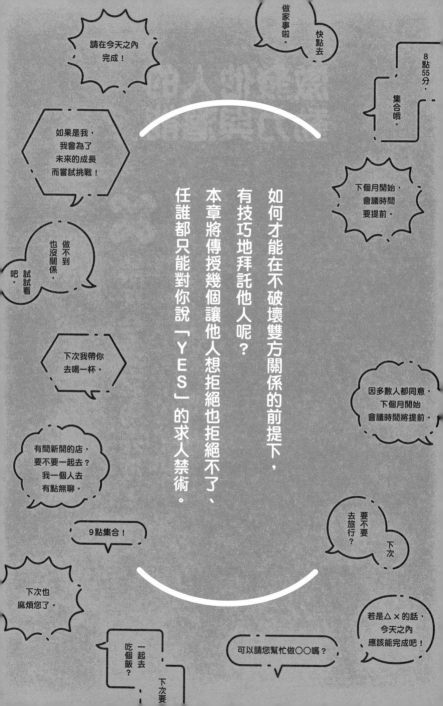

MISSION

激發他人的動力與潛能

3-1

◎

如果是△×的話，
今天之內應該可以完成吧！

×

請在今天之內完成！

信任與期待能激發潛能

前面我們已經介紹過幾個如何激勵下屬完成委派業務的方法，但這裡要再介紹一個「畢馬龍效應」。

畢馬龍是希臘神話中的角色，據說他愛上了自己雕刻的女性雕像，結果朝思暮想之下，那尊雕像還真就變成了活人。於是畢馬龍效應便被拿來比喻，當人們給予期待和信任時，將有助於讓期望的事物化為現實。

提倡此效應的心理學家Robert Rosenthal博士，在某間小學進行了一場測驗，並聲稱此測驗能找出「學習能力有望提升的學生」，接著他把「學習能力有望提

提升下屬能力的訣竅

×不斷否定導致對方自尊心受創

這麼做只會降低對方的自我肯定感，無法提升動力。

○每天傳達高度期待

當感覺備受期待時，下屬就會更加努力以回應你賦予的期望。

升的學生名冊」作為結果交給班導師。然而，清單中的學生其實只是隨機選擇的結果，但受到老師期待的學生們在一年後，成績都真的有所提升。

有效向對方傳達你有很高的期望

上述實驗表明，當人覺得自己被寄予厚望時，能力將隨之提升。換言之，我們不該對他人說：「給我好好幹！怎麼連這種事都不會！」而是應該要鼓勵道：「只要做就能辦到！」傳達期望才真正有助於培育下屬或學生。

再舉個例子，某位棒球教練對球員說：「我們沒起用你並不是因為你打不好。我已經知道你是一位優秀的打者，但我希望你也能在練習中，展現專注於防守的態度。」結果這名選手不但因「自己的打擊獲得信任」而更有自信，同時也有更有動力進行防守訓練。

從這件事可以得知，在與下為者相處時，上位者最好應抱持信任與期望的態度。下屬通常都能敏銳地察覺到自己備受期待，在感佩於上司熱切期盼與指導的同時，交出漂亮的成果。

此外，「是你的話就能做到」、「拜託了」、「非你不可」等含有信任與希冀的甜言蜜語也很有效，相信對方一定會為回應你的期望而士氣大振。

MISSION

把「NO」變成「YES」

3-2

◎

下次要不要去旅行？

✕

下次要不要一起去吃個飯？

在不合理的要求後更容易接受相對輕鬆的請求

有求於人時，有些方式容易被拒絕，有些方式則更容易獲得首肯。尤其想拜託的事情有些困難時，求助者自己也會感到難以啟齒。然而，只要用上一些心理學技巧，就能在拜託他人的路上暢行無阻。

這裡要介紹的是「以退為進法」，方法是先問出一個達成難度較高的問題，等遭到拒絕後，再問出原本想拜託的事。這麼一來，對方就會因剛剛才拒絕過1次，而不太好意思再拒絕第2次，加上拜託的內容又比上一次簡單，於是更容易就答應下來。

拜託他人　接受困難請求時的技巧

先問一件本來沒想要拜託的高難度請求

以被拒絕為前提，誠懇地拜託一件無法達成的工作。

接著再委託相對輕鬆的業務

本來直接拜託應該會讓人覺得有困難的事情，若提前先問一個更難的請求，人們就會覺得後者相對簡單。

此手法也經常被用於商業活動中。店家首先會拿出高達10萬日圓的產品，當顧客因為負擔不起而拒絕後，店家又會再拿出5萬日圓的產品，這時就算它實際可能比定價更貴一些，顧客也會覺得「好便宜」而決定購買，而這就是陷入上述技巧的例子。

反過來運用人們會對拒絕感到內疚的習性

另外，如同開頭換句話說的例子，以退為進的手法也能在戀愛情境中派上用場。當想說服喜歡的對象跟自己約會時，可以先問：「要不要去旅行？」對方聽到一定會覺得太過突然而拒絕，這時你就可以再問道：「那麼，吃個飯如何？」即使對方本來沒什麼興趣，也會不自覺地回應道：「只是吃個飯的話好吧……」

反之，這裡還有另一種方法叫「YES心理定向」，它是從提出人們必然會接受的簡單請求開始。其第一步就是在每次請求時，都只讓對方給出「是」的答覆。例如，先拜託對方幫忙拿影印、送貨或整理文件等一些小事。反覆多次後，人便會在無意間產生難以拒絕的心理，之後就算面對繁重的請求，對方也不會說「不」，更不會有絲毫懷疑。

其實，某些可疑團體在車站等處募款時，就是運用這項技巧。他們通常會從「問個問題」、「簽個名」……等小小請求開始，而當各位不斷順從地回答「好」之後，最終就會落入「那麼也請捐款」的圈套中，請千萬要當心。

MISSION

讓人在有限的選項中做選擇

3-3

◎

現在洗衣服或洗碗，
你能做哪一個？

✕

快點給我去做家事啦。

留意選項的魔法數字

想拜託他人，或想讓消費者從多個選項中選出一件產品購買時，有沒有什麼好方法呢？

假設在銷售商品時，一種方案是從20種商品中選擇1項，另一種方案則是4選1，各位覺得哪個方案比較容易促使消費者購買產品？正確答案其實是只有4種商品的方案。

20種商品的方案種類繁多，因而能吸引眾多消費者，但當要做出抉擇時，此方案卻因選項過多，導致許多人都因無法做出最後的決定而放棄購買。

如何運用
果醬實驗

商品種類最多9種

利用魔法數字，同個商品的種類最好不要太多。

習慣給出有限的選項

拜託他人時不要太籠統，應盡量給出幾個具體的選項以供選擇。

所謂「果醬法則」是指選項過多，導致人難以做出抉擇的狀況。它是由美國哥倫比亞大學的Sheena Iyengar博士提出，並由果醬試吃銷售的實驗得到證明。

「您可以任選」這句話其實不近人情？

舉辦試吃銷售時，若有6種和24種果醬這兩種組別，各位覺得哪一組有比較多人試吃？而實際又是哪一組會有比較多人購買呢？結果如下。比較多人試吃的是24種組；實際購買人數則是由6種組占壓倒性多數。

Iyengar博士把最適當的選項數量稱為「購買的魔法數字」，它大約落在5到9之間。

不僅銷售產品，當我們想拜託家人做家事時，也不要只是含糊地說：「要做家事喔。」而是應限縮範圍，例如：「洗衣服和掃廁所，你能做哪個？」這麼問不僅更實際，也比較容易為人接受。此外，給選項時有種手段叫「雙重束縛（double-bind）」，它是指雖然給出了選項，但卻很明顯只能選擇其中一方的狀況。這是銷售員慣用的手法之一，應該不少人都很熟悉。然而，在面臨這種狀況時，有些人可能會生氣地表示：「我哪個都不想選！」比較敏銳的人也會感覺自己遭到欺騙，各位應當小心運用。

MISSION

讓對方產生「我要加油」的想法

3-4

✕ 下次也麻煩您了。

◎ 下次也麻煩您了，感謝您這次的協助。

感謝能替公司創造利潤

為提升公司營運效率，要做的事有很多，不過這裡有個光靠對話就能達到目的的簡單方法。

那就是說一聲「謝謝」。根據心理學家Adam Grant的研究，所有受訪對象中，有8成的人都認為獲得感謝會使他們更願意付出努力。換言之，被感謝的人在面對工作時會更有幹勁。

另外，也有資料顯示，感謝時一併說出理由能更加振奮人心。

在指導他人時，用罵的或許很容易，但要逐一表達感謝卻十分困難。不過要是這將關係到公司獲利，那我們還真該立即採取行動呢。

感謝他人的效果

終端使用者的感謝效果最佳

比起上司或任何人，來自終端使用者的感謝最能激發動力。

感謝＋理由的效果最為明顯

表達謝意的同時也告知理由，這麼做更能激勵他人。

MISSION

想強加困難的工作時

3-5

×

雖然不會馬上有結果，但長期來看這對你是有利的唷。

◎

如果是我，我會為了未來的成長而嘗試挑戰！

提出假設更容易說服他人

想說服他人時，經常會有就算直白地給出建議也收效甚微的狀況。這種時候，我建議各位可以採取更有效的「YES-IF法」。

做法一如其名，就是利用「如果○○的話」的句型來解決問題。例如銷售商品時，若顧客對購買猶豫不決並表示：「如果能再便宜點的話……」這時店家就可以說：「如果您再多買這一件，我可以算您便宜。」如此便能促成一筆成功的綑綁銷售。然而，這項技巧無論是對於買方或賣方來說，都不會造成損失。

總之，像這樣以假設的方式提議，就能更容易地說服他人。

「YES-IF法」應用篇

商務上的對話方式

拜託他人建議千萬不要用「請去做～」，而是改成「能不能～呢？」的疑問句會更好。

指導下屬

「如果我是你的話，此時就是最有幹勁的時候！」給予假設能提升對方努力動機。

MISSION

使人發揮超乎原本能力的力量

3-6

✕ 做不到也沒關係，試試看吧。

◎ 大家都做得到，你一定也行！

信念能化不可能為可能

改變人對於事物的觀點、看法，能左右其實際的行動。舉例來說，「我覺得行不通，但試試看吧？」跟「大家都做得到，所以你也試試看吧！」相比之下，後者感覺更能夠促使人對工作採取積極的行動。

人們有時會根據自己的信念來判斷事物。此外，自我動機與能力也與信念息息相關。信念最具代表性的例子是「安慰劑效應」，明明服用的是假藥，但由於患者對藥效深信不疑，結果疾病真的就痊癒了。同理可證，很多事情也都是人們相信「能成功」，就真的能達成目標。

此概念不僅能用於指導他人，各位自身也可以透過增強信念來獲得成功。

如何運用積極暗示

改變自己的信念

習慣把「絕對不行」的想法轉換成「只要努力沒什麼做不到」。

養成不從否定起頭的習慣

不說「辦不到」，多用「一定行」、「可以的」等詞彙提升實現能力。

MISSION

減輕重擔
使對方做出成果

3-7

✕ 一定要牢記這件事！

◎ 忘了也沒關係喔。

把重點擺在減輕壓力上

根據心理學家欽巴龍的實驗，比起在高壓下要求受試者記住某些東西，不要施壓，並告知「忘記也沒關係」的情況下，人能記得更多。

綜上所述，對人施加強烈壓力會妨礙記憶的固化，從而讓工作難以順利進行。而這也意謂著上司愈是高壓管理，下屬的能力就愈低落，並形成極端的惡性循環。

近年來，人們也開始認為上司寬宏大量的態度是提升公司產能的關鍵。在壓力過大的現代社會，如何減輕負擔才是最重要的事。

提升記憶力的訣竅

營造放鬆的環境

若想讓人集中注意力和提升記憶力，營造沒有壓力的環境至關重要。

責備無濟於事

「給我好好記住！」責備對提升記憶力沒有幫助。

MISSION

希望對方一定要記住時

3-8

◎

（說3遍）

✕

給我聽好，我只會說一遍唷。

反覆3次能讓記憶更深刻

「希望對方把某件事銘記於心」時，這裡有件你能做的事——單純地反覆提示該資訊。

肯特州立大學Maria Zaragoza博士對學生做了一項暗示的實驗。結果證明，跟接受一次暗示的人相比，接受3次暗示的人更容易相信暗示的內容。

換句話說，當一個資訊出現3次，人們便能清楚地意識到該資訊，也更容易記住它。所以我們不該要求別人「一次就記住」，提示3次其實更有效。俗話說「3次為定」，可見「3次」或許真的是要達成某件事情時最剛好的次數。

重複3次的效果

商業應用

盡可能反覆宣傳商品資訊或廣告標語，好讓顧客留下深刻印象。

學習一定要養成3次的習慣

把必須要記住、牢記在腦中的事情重複3次以幫助記憶。

MISSION

不讓人產生不滿或懷疑的情緒

3-9

✕

下個月開始會議時間要提前。

◎

因多數人都同意，
下個月開始會議時間將提前。

利用服從多數決的心理

面對多數人的意見，人在心理上會產生想要與之同步的「同調效應」。這是因為如果多數人都做了某個選擇，其他人也都會傾向於認為那就是正確的決定。

例如動員抬轎的操作有很大程度就是利用了同調效應，它透過營造人多勢眾的態勢，從而獲得多數決的結果。

此外，這裡還要介紹另一種現象叫「溫莎效應（windsor effect）」，它是指人們對於來自第3者的稱讚會有更好的印象。也就是說透過轉達不在場第3者所提供的資訊，更能博得對方的好印象。

像是「課長稱讚了你」等來自上司的讚美，若能透過間接的方式傳達，聽者就不會覺得那只是客套話而欣然接受。

第3者帶來的效果

第3者的話更能取信於人——溫莎效應

「因為老闆這麼說」等等，人們往往會覺得第3者的意見更可信。

有利於多數決的同調效應

當看到某件事有許多支持者時，其他人也會想跟風是人之常情。

MISSION

如何讓人不遲到

3-10

◎

8點55分集合哦。

✕

9點集合！

非整數的價格
感覺比真正便宜的東西更划算

在約見面的時候，我們通常會約一個剛剛好的時刻。但假設約9點等整點的話，人們大多都會遲到個5到10分鐘。

不過如果改約8：55，大家就突然都能準時集合了。此現象的原因就在於比起大致的時刻，精確約定到幾分更能引發人「必須要守時」的心理。

此外，在看商品價格時，人們也會莫名地覺得98日圓或980日圓的商品比較划算，但這不僅僅是該價格比1000日圓便宜那麼簡單。有資料顯示，980日圓居然比950圓的商品還要暢銷。而這也證明了比起真的便宜，人們購物時更容易受到物超所值的感覺影響。

有效運用數字心理

感覺划算
比真的便宜更重要

如果定價是1500或1700日圓等模稜兩可的數字，那麼乾脆定個1980日圓可能會更熱銷。

把約定時間
提前5分鐘

精確約到幾點幾分，例如比原本時間提早5分鐘等，這樣就能促使人更守時。

MISSION

不給人高高在上的印象

3-11

✕

下次我帶你去喝一杯。

◎

有間新開的店，要不要一起去？我一個人去有點無聊。

養成謙虛的習慣以免成為討厭鬼

想與下屬打好關係時，要是理所當然地以上司的角色，用高人一等的態度說：「下次我帶你去喝一杯。」我想這可不是個好主意。

總得在意上下關係，無論到哪都要服從，這種相處模式任誰都吃不消。再者，若慣於擺出傲慢自大的態度，容易養成無法坦率接受他人意見的陋習。

在邀請他人吃飯時，不妨展現謙虛的一面。「有間新開的店，要不要一起去？我一個人去有點無聊。」像這樣能凸顯彼此關係平等的說法就很棒。要是不管上班、下班都要求他人：「跟我來！」恐怕誰都不會跟上來。雖然沒必要到對方歡心，但還是要留意尊重下屬的人格尊嚴。

自大之人的壞習慣

自大之人的性格

表面上倔強、自尊心高、膽小怕事、過分自信，實則敏感又自卑。

改善自大的方法

保持謙虛的態度，同時養成換位思考的習慣，如此便能掌握關係的平衡。

MISSION

發出不會讓人產生反抗心理的指示

3-12

◎ 可以請您幫忙做〇〇嗎？

✕ 請做〇〇。

改成疑問句的命令更容易為他人接受

當有人拜託自己是用命令的語氣說：「給我去做這個！」聽起來感覺就很差。若想要以舒服的方式請他人做事，建議可以改採疑問句。例如「可以請您幫忙做這個嗎？」用詢問的方式拜託不僅能給人誠懇的印象，對方也比較容易接受。

要是長期用粗魯的方式對話，無論彼此關係多麼親密，也很快就會開始惡化，所以我們應從平時就要多多注意說話的方式。

此外，疑問句也比命令句更合適用來提升他人的行動力，像是「是你的話沒問題的吧？」等問句就能傳達出自己的期待。總之，盡量避免使用命令的口吻才是上上之策。

避免命令口吻的說法

將命令改成疑問句型

把「給我去做」改成「能不能幫忙做？」，或把「給我去」改成「能不能幫忙去？」。

將憤怒改成疑問句型

把「你最好給我記住！」改成「記住這件事有困難嗎？」，或把「不行！」改成「我覺得不行，你認為呢？」加以修飾。

MISSION 4

如何拒絕與迴避

巧妙躲避麻煩事

啥？
真假!?

您說的對。

有點
困難呢…

所以
我不是說
不行嗎？

確實
感覺不錯…
但～

管
說的…

4點前
趕出來…
我盡量

我沒聽到什麼
好消息呢。

我和客戶有約，
真的去不了…

但我認為

我沒興趣呢。

我會在
晚上6點前交件。

我最近
聽到一些
不好的傳聞，
沒事嗎？

你冷靜一點啦。
哎呀，

我很忙去不了…

要是早1週
跟我說的話…

原來如此…
你很生氣吧。

拒絕他人請託其實是一件相當耗神的事。
本章要悄悄地、偷偷地告訴大家，
該怎麼做才能在不傷害任何人、
不讓他人感到難受的前提下，迴避麻煩事。

我很忙去不了…

哎呀，你冷靜一點啦。

辦不到，請離開。

現在還無法下定論，我認為需要再謹慎觀察…

我不那麼認為。

確實感覺不錯…但～

希望能借您之智…

我和客戶有約，真的去不了…

沒必要做到那種程度吧？

我沒興趣呢。

該怎麼說才好？嗯…

所以我不是說不行嗎？

有點困難呢…

4點前趕出來…我盡量

十分抱歉…

MISSION

守住自尊的同時留下好印象

4-1

✕ 我盡量4點前趕出來…

◎ 我會在晚上6點前交件。

保守預估的數值能扭轉他人印象

當有某件任務須要完成時，我們通常要給個期限，或必須告知能做到什麼程度。這時各位可曾打腫臉充胖子，給出高於自己預想的目標，且最終為此嘗到苦果呢？

給出超出預期的數字，結果卻無法達成的話，只會留下非常糟糕的印象。「你不是說能做到這種程度嗎？」就算被如此逼問，也是咎由自取。基本上，無論是告知期限或達成比例時，我們都該提出保守估計的數值就好。

有效活用定錨效應（Anchoring Effect）

數值要低於預估值

提出比預估時間更晚的期限，或比實際能達成的比例更低的數值，屆時人們就會因為結果超乎期待而留下好印象。

委託方
則要提高預估數值

身為委託方時，反而要把期限提前，或者告知高於期待的達成比例，這樣實際完成的比率會更高。

譬如有個案件似乎能在下午4點左右完成，但若事先告知：「晚上6點能交。」之後於下午4點交件時，對方就會覺得：「還真快！」

這種現象叫「定錨效應」，意指若給出具體數值，人們對事物的印象就會隨數字改變。

人類很容易受數字影響

定錨效應不僅能用於告知期限，執行沒有信心的任務時也能派上用場。假設先表示：「大概能完成3成……」但實際上卻完成了5成以上的話，就能給對方留下好印象。

人類很容易受數字影響，尤其是最先看到的數字會在無意間影響人之後的判斷基準。以下有這樣一個試驗證明了這點。

實驗針對「預估反對學餐漲價的學生比例」進行提問，其中對A班的問法是：「你認為比80%多還是少？」對B班的問法則是：「你認為比30%多還是少？」結果，相對於A班的平均30%，B班的平均則只有25%。很顯然這是因為A班在看到80%後認為：「好像有很多人反對……」而B班則是在誘導下覺得：「好像也沒那麼多人反對……」此外，考前我們總會聽到有人說：「我完全沒讀書～！」這其實是把定錨效應用在了自己身上。這麼做不僅能用「考不好也是理所當然」的理由開脫，還能在守住自尊心的同時，避免被周圍人瞧不起。而這種心理機制又叫「自我設限（self-handicapping）」。

MISSION

讓生氣的人冷靜下來

4-2

✕ 哎呀，你冷靜一點啦。

◎ 原來如此…你很生氣吧。

同理抓狂的人才能澆熄怒火

該如何讓怒火攻心的人冷靜下來呢？許多人都為此十分煩惱。正在抓狂的人通常都已失去冷靜判斷的能力，處於情緒失控的狀態。這時如果對那個人安撫道：「哎呀，你冷靜一點啦。」只會造成反效果。

或許你本意是想讓對方冷靜下來，但在對方耳裡卻只會覺得，你是想要打斷他說話。想讓盛怒之人恢復理智，我們首先得要讓對方暢所欲言並給予認同。

讓生氣的人冷靜下來的步驟

不要批評、要認同

千萬不能說「你冷靜點」或「你在說什麼啊」，首先要做的就是接納對方所有的話。

客觀地描述對方的情感

用對方容易接受的方式，說明對方是為什麼生氣，以及真正想要怎麼做。

對話以解決問題

冷靜討論，互相理解，以解決問題為目標。

「原來如此，那樣真的很氣人呢。」像這樣用同理心情的話語，就能讓對方感覺自己獲得認同，於是漸漸冷靜下來。不過要是對方依舊情緒激動、滔滔不絕，我們則可以像鸚鵡學舌般重複那個人的每一句話，基本上就是把對方的話照單全收。

客觀的說明能平息憤怒

有時各位可能會覺得，事情很明顯是「對方有錯」，可即便如此也不要刻意去否定，而是把重點放在認同對方的發言上。

一旦對方發覺自己獲得認同，就會覺得生氣的理由有得到他人的理解，於是就會稍稍恢復理智。而當對方冷靜下來時，接下來最重要的就是詢問對方生氣的詳細理由，並給出客觀說明。當自己的情感被客觀地描述時，人們便能從激動的情緒中逐漸平復過來。

此外，一邊傾聽一邊做筆記也很有效，因為這麼做能無聲地傳達「我有在好好聽你說話」的訊息，對方的情緒也會在不知不覺間有所改善。不僅如此，一邊做筆記一邊談話的方式還能有效地獲得更多資訊。這種現象叫「訪談效應（interview effect）」，意指當人的自我意識提高或強烈地感覺到自己備受關注時，就會產生「想提供更多正確資訊」的想法。而這正是意外或事故的目擊者或相關人士在接受採訪時的心理狀態。

MISSION

迴避沒有結果的議論

4-3

◎

您說的對。

✕

所以我不是說不行嗎？

成為一位不去干涉愛抱怨之人的旁觀者

世上總有人喜歡花許多時間批評他人。這類人的目標不僅限於熟人或上司，就連社會大事或名人的行為等都要說上幾句才肯罷休。一旦遇到這種人時，我們自己也不免會有一些負面的發言，諸如「沒那回事吧？」或者「你就是因為這樣才會被討厭唷。」等等。

然而，進一步批評這類人的做法並不正確。畢竟，與愛抱怨的人爭辯本身就是件浪費精力的事，這麼做只會把大量時間花費在沒意義的事情上。

避免陷入抱怨者泥沼的訣竅

不與之爭辯

面對總愛雞蛋裡挑骨頭的人，什麼道理都講不通。一旦開始爭論，就是中了對方的圈套。

成為旁觀者！

不要被對方的負面發言蠱惑，一律以冷靜且客觀的態度應對。

而且若在情緒激動下，讓目的從「表達自己的想法」變成「講贏對方」的話，那就太糟糕了。此行為在心理學上叫「負面溝通」，這種對話方式只會傷害對方的自尊心，讓事情變得更複雜。

既不否定也不肯定，做個完全的傾聽者。

遇到總愛對他人指手畫腳或挑毛病的人，最好不要隨之起舞。既不表示贊同也不要反駁，並始終作一名旁觀者，保持客觀的立場。關鍵是要展現基本上不否定他／她們的態度，例句有「原來如此，□○是這麼想的啊。」或「可能真的有那一面呢。」等等。

這類人本來就有自卑情節，他／她們之所以總愛批評，就是因為有「自己不如人」的自卑感。想要消除這種自卑並不容易，除非是專業人士，否則企圖讓他人克服自卑情節有其風險。

不過，「找人聽自己說話」這件事本身就有緩解壓力的效果，心理保健領域也認為「傾聽」這項技巧非常有效。換句話說，面對這類有心理陰影的人，只要傾聽就是在幫助他／她們做心靈保健了。

MISSION

反駁但不搞砸氣氛

4-4

◎ 確實感覺不錯……但～

✕ 嗯……該怎麼說才好？

先肯定後否定的技巧

意見交流時，該怎麼做才能在不批評對方看法的前提下，表達自己的想法呢？這時我建議可以運用「Yes-But法」，也就是先給予肯定後，再闡述反對意見，這麼做就不會讓對方留下不好的印象。「的確不錯，但這次我想選這個……」像這樣先展現暫時採納意見的態度，對方就會感覺獲得肯定，且這麼說也有利於順勢讓對方接受自己後來提出的反對意見。

另外，還有另一個非常有用的行銷話術叫「Yes-And法」，它是在肯定之後，又進一步肯定的做法，例如：「對啊。這麼說的話，〇〇可以吧？」

以肯定開頭的對話法

肯定→部分否定

「不錯，但這個也……」利用這類句型，可以把話題流暢地引導到自己的意見上。

肯定→再肯定

「的確如此。這麼說的話就是〇〇呢。那麼……」用這種方式能主導話題。

MISSION

不回應他人的自吹自擂

4-5

◎

我對○□沒興趣。

✕

啊～最近○□很受歡迎呢。

適度應付愛吹噓的人

「你知道○□嗎？你覺得怎樣？」當有人用類似的句子開啟話題時，各位就要當心了。因為「○□」有很大機率是他／她們所擁有的東西。如果我們回應的態度積極，恐怕就得開始聽對方滔滔不絕地炫耀。反之，如果只是以消極的態度來應對，話題又會被帶到解釋該事物上，例如對方可能會說：「不是，那其實是你有所誤會……」

若嘗試和這類型的人對話將沒完沒了，各位可得小心。這些人並不是想要討論，而只是想再次確認自己價值觀的正確性，就算我們單純想討論也只是徒勞。遇到這種人時，各位大可回答「我沒興趣」或「我不太清楚」就能脫身了。

愛吹噓者的特徵

自我肯定感低落

這些人之所以什麼都想告訴別人，是因為對自己沒有自信，必須獲得認同才能安心。

「你覺得怎樣？」、「但是、但是」是這類人的口頭禪

總是在徵求他人意見，卻馬上不停反駁的人，其實只是一味地想確認自己想法的正確性。

MISSION

讓麻煩的對象消失

4-6

✕

辦不到，請離開。

◎

我最近聽到一些不好的傳聞，沒事嗎？

傳達負面暗示 或許能讓對方改過自新？

當想方設法想迴避一些老是糾纏不清的人時，各位是否曾說過些重話？然而這麼一來，人際關係將很難修復。以下要介紹的，就是能避免上述情況又立竿見影的好方法。

此技巧叫「反安慰劑效應（Nocebo effect）」，與「安慰劑效應」相反，它是透過植入負面暗示來產生效果。譬如在說出「不要再講那種話了」之前，各位可以先說：「我似乎有聽到一些不好的傳聞，沒事嗎？」透過暗示一些捕風捉影的謊言，煽動不安的情緒，讓對方再也沒精力製造麻煩。

不過要是謊言被揭穿可能會變得更棘手，所以此技巧算是逼不得已時的最終手段，但在忍無可忍之時，這個方法真的非常有效。

反安慰劑效應的意義

促使對方自取滅亡

當對方相信謠言後，就會自取滅亡，無須和對方產生不必要的對立或衝突。

有助於改善個人問題

要是對方有意識到自己正在製造麻煩時，可能就會改善，麻煩也將隨之消失。

MISSION

聰明地拒絕麻煩事

4-7

◎

我和客戶有約，真的去不了⋯

✕

我很忙去不了⋯

權威之下大部分的人都能接受

必須拒絕他人的邀約時，有時太誠實地回答反而會惹得對方不高興。像是「工作忙」等藉口，有些人聽了可能會忿忿不平地想：「我就不忙嗎？」

這時最有效的方式是找權威式理由。例如「我和客戶有重要商議無法脫身」的說法，能讓對方感受到優先順序並認為：「這樣來不了也沒辦法的事……」。

權威式理由較容易讓人們妥協，在必須拒絕某件事情時，它將是最有利的藉口。遇到單純不想赴約的邀請時，只要搬出老闆這塊擋箭牌，對方應該就不會太受傷了。

善用權威式理由

拒絕不想做的工作

「我現在正在做另一件大案子」等，告訴對方自己正在處理重大任務無法脫身，也許就能獲得理解。

拒絕不想去的邀約

用家人當藉口時，容易造成不好的感覺，此時可以改用「和老闆～」。

MISSION

圓滿地
拒絕討厭的工作

4-8

✕ 現在有困難…

◎ 要是早１週跟我說的話…

時間上的不湊巧能讓對方不得不放棄

想要巧妙拒絕時，可利用「過去限定條件」的說法，也就是向對方表明「這件事在過去的話就能完成」。例如當有人對你說：「請在後天晚上前交出這些文件。」各位就可以回答：「如果在1週前跟我說的話還辦得到……」如此就能在暗示事情於過去是能夠完成的同時，成功達成拒絕任務。相信對方也會因覺得：「那就沒辦法了……」於是迅速放棄。

此外，還有限定未來條件的說法。假設有人說：「3天後可以完成嗎？」那麼只要回答：「1週後可以。」對方應該就會表示：「那我找別人吧……」不過，這種說法對方還是有可能會說：「那麼就拜託了。」因此想要徹底拒絕的話，還是過去限定條件最為保險。

告知時限的效果

能因應並非絕無可能的工作

告知只是時間上不允許時，也能向對方強調如果時間充裕就能承接。

能仔細又確實地執行業務

在不合理的交期下執行業務容易引發許多問題，這種拒絕方式其實也是在交涉更充分的作業時間。

MISSION

用狐假虎威的方式反駁

4-9

◎

但主管是那麼說的…

✕

啥？真假!?

透過權威人士的話來提升可信度

人們常說，父母和老闆沒得選，因此我們可能經常會遇到有老闆總是在抱怨一些無所謂的事情。這時若想讓對方瞬間住嘴，各位只要搬出「但主管是這麼說的」或「這有科學上的根據」等說法，事情就能有180度的漂亮反轉。

此效果一般叫「暈輪效應（Halo effect）」。暈輪意思等同於光環或神佛背後的光芒，而此效應則是指人們通常較願意相信有權威事物加持的事物。

然而此現象不只會影響資訊的可信度，對於人也是一樣。例如大學是名校畢業、在大型企業上班、伴侶很漂亮等因素，都會改變人們對一個人的評價。

運用暈輪效應

利用暈輪提升自我聲譽

盡量提出能替自己聲譽背書的資訊，例如畢業的大學名校、有名望的熟人、知名客戶等。

一定要替資訊附上數據佐證

出示科學上的依據或具體數據能產生巨大的暈輪效果。

MISSION

迴避試探性提問

4-10

✕

但我認為是○×…

◎

現在還無法下定論，
我認為需要再謹慎觀察…

不肯定也不否定才是正解

有時候我們可能會碰上一些性格惡劣之人，這些人會以駁倒他人為前提發起爭論，遇到時可千萬別正面硬剛。

畢竟我們實在沒必要把時間浪費在沒意義的事情上。這時「無視的肯定」——也就是給出既不肯定也不否定的回覆會非常有效，譬如「該怎麼說呢？這個問題還沒辦法下定論呢。」此戰術的好處是能讓對方領悟到自己是個「不會輕易做出判斷」或「不會受人煽動」的人。而且這麼做還能讓對方擅自把你過度解讀成「不會上鉤」或「不好惹的對象」，於是轉而另尋新的目標。

善用無視的肯定

參與自己沒有意見的討論時

當必須對無所謂的討論發表意見時，可以用「還不好說」等句型來迴避。

想脫離被兩種意見包夾的窘境時

遇到兩種對立的意見爭論不休時，與其說出自己的看法，用上述方法更能讓雙方冷靜下來。

MISSION

成功地拜託完美主義者

4-11

◎ 希望能借您之智…

✕ 沒必要做到那種程度吧？

利用依賴感撫慰完美主義者的孤獨

什麼事都想做到盡善盡美的人容易自我孤立。這些人為提高完成度而過度自我犧牲的行為，總讓人覺得「難以理解」或「跟不上步伐」，因而不由得想與之保持距離、敬而遠之。換句話說，或許這些人在工作上有很高的執行力，但卻缺乏協調性。

面對這樣的人，各位可千萬別說：「適可而止比較好喔。」這樣反而會傷及其自尊心，導致對方更加與自己拉開距離。不過，他們本人其實也知道自己有這些容易被孤立的缺點。在此我建議採取的戰術是，婉轉地向這些人討教。像是用「我向您請教一下」等方式拜託，就能帶給對方「自己被需要的喜悅」。相信只要這麼做，定能獲得這些人的鼎力相助。

完美主義者的使用說明書

工作能力強卻容易被孤立

完美主義者做事非常講究、工作能力極佳，但也因此讓他人難以追隨其步伐，而遭周圍人孤立。

其實很想被拜託？

這些人過分挑剔的性格讓人避之唯恐不及，但其實這類人也強烈渴望他人的認同，很樂意接受別人的請託。

MISSION

拿捏易怒之人

4-12

✕ 十分抱歉…

◎ 我不那麼認為。

注意不要附和他人的憤怒

哪裡都有咄咄逼人又易怒的老闆或客戶。當這種人心情好時，一個勁地認同還沒什麼問題，但當對方勃然大怒時，要是不停道歉只會讓這種情況變成家常便飯。可話說回來，若我們也火上澆油地跟著一起抓狂，也只會造成惡性循環。乍看好像束手無策，但其實還是有方法。

遇到暴跳如雷的對象時，不慌不忙地問一句：「您真的這麼想嗎？」冷靜點破對方的過失才是正解。當對方生氣的情緒被打斷後，氣勢應該也會減弱不少。

相反地，若對方發表的是正面言論時，則無傷大雅。各位只要一邊吹捧：「真不愧是您！」一邊用崇拜的眼神任對方暢所欲言即可。

易怒者的心理

有完美主義&自我中心的傾向

無法原諒他人犯錯，不擅於聽取他人意見的人較容易發飆。

完美主義者易屈服於冷靜講道理的言論

由於完美主義使然，這種人對自己的錯誤也很敏銳，因而不得不服從於理性且正確的意見。

MISSION 5

訓斥與循循善誘

讓他人在不知不覺中言聽計從

這是一件頂尖產品！

選哪一樣都行哦。

要不要再加購這項產品呢？

沒關係，我們一起加油。

規則就是要遵守啊。

…起，…任我們…PR哦。

你要怎麼辦？

你在幹什麼？

所以你「知道了」什麼？

只有這件事不可以哦。

不要咬指甲

你的手真漂亮。

事情不要都只看到負面啦。

（既然都說知道了）那麼，下次就拜託囉。

不會失敗。因為我

iPS細胞。

整組買最划算哦！

我以前曾做過採購，所以我很熟悉。

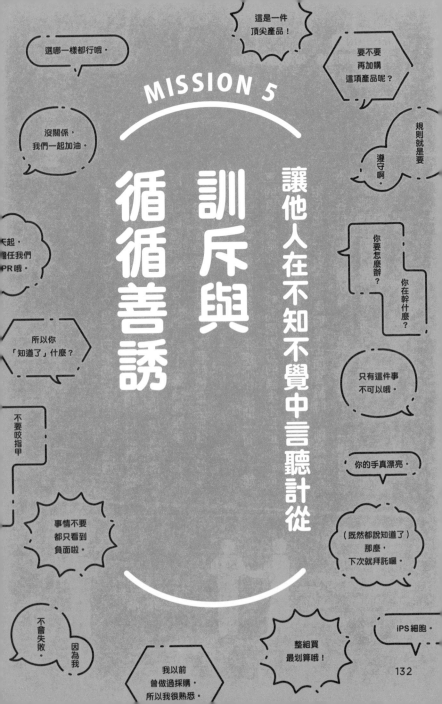

雖然人們常說「憤怒」與「責罵」並不相同，
但其實我們不一定要用這些方式來傳達。
本章就要來介紹怎麼表達才不會招人反感。
此外，記住這些技巧也能避免自己被他人巧妙誘導。

因為我不會失敗。

只有這件事不可以哦。

戒菸能讓您變健康。

這件產品或許有些缺點，但在性能方面無人能及！

選哪一樣都行哦。

遵守啊。規則就是要

沒關係，我們一起加油。

吸菸會致癌。

原來如此…也是能那麼想呢…謝謝。

能說說你理解了什麼嗎？

萬能細胞。

要不要再加購這項產品呢？

這是一件頂尖產品！

比較好哦。

選哪一樣都行哦。

不要咬

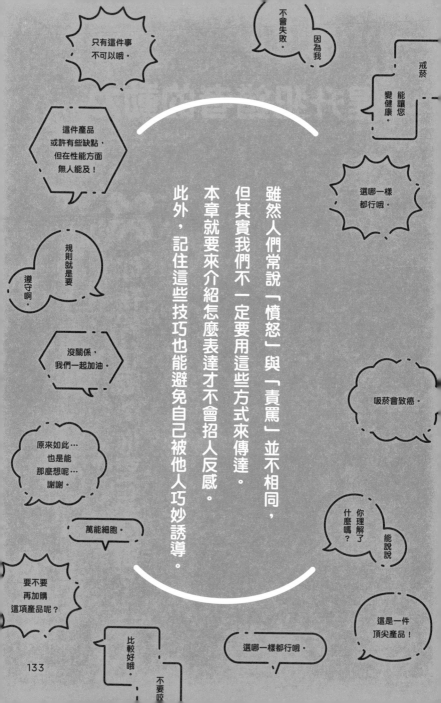

MISSION

提升犯錯者的動力

5-1

◎ 沒關係，我們一起加油。

✕ 你在幹什麼？你要怎麼辦？

找尋激勵的方法並加以實踐

心理學家Ernest Dichter在著作中曾提到「人會想要逃離由恐懼引發的刺激」，而且Dichter還接著描述了人們會「如何逃脫」，他表示恐懼會使人「逐漸變得幼稚，並退化到只剩動物的原始本能」。例如當被逼到絕境時，有的人會突然暴怒，有些人會大喊：「我不行了！」然後逃離現場，還有人則是會焦躁地啃咬筆尖，而這些行為都是「退化現象」。

由此可見，把犯錯的人逼到窮途末路並不是個好主意。

委派能提升自我涉入（ego involvement）意識的工作

盡可能讓對方從事需親臨現場的工作

工作離愈現場愈遠，積極性就愈低，因此要讓對方待在能感受到協作感的場合進行作業。

讓對方意識到邊緣業務也有其意義

確實溝通，好讓對方感受到自身的工作看似影響不大，但其實是至關重要的業務。

對於在犯錯時已被恐懼沖昏頭的人，如果再施加更多恐懼，只會讓對方的表現一蹶不振。這時我們要給的反而是安心感。「沒關係」等安慰的話，外加相挺的態度，都能讓對方一改幼稚的行徑，重新振作起來。

讓對方知道自己擔任的角色非常重要

如果有下屬或後輩無論是否失誤，都是面無表情地擺出一副事不關己的微妙態度，且就算給予關心，對方也只是回應「沒事」或「沒關係」——這種時候比起跟對方拉近關係，分配稍嫌繁瑣的工作會更有幫助。

此作法利用了心理學上「自我涉入」的現象。據說當人類思考或意識到特定事物時，對該事物的好感度也會隨之提高。以上述分配繁瑣工作為例，當對方愈常思考你這個人或工作時，對你或工作的好感也會逐漸增加，當然也就更有動力完成任務。

有些人明明接到邊緣業務時沒什麼幹勁，但被委派重大工作時行動卻忽然利索了起來，這種情況有很大程度就是受到自我涉入的影響。即使是同一件工作，要是能告訴對方：「這項工作雖然只是整體的一部分，但其實它是最關鍵的部分。」如此對方執行時的熱情也會截然不同。

MISSION

促使對方想要做某件事

5-2

◎ 只有這件事不可以哦。

✕ 選哪一樣都行哦。

愈是被禁止就愈想做的心理

跟在日本搞笑藝團體「駝鳥俱樂部」的知名段子中，上島先生喊的「別推……別推……」意思其實是「給我推」一樣，我們日常生活中也有類似的橋段。譬如當聽到「不准看」時，人反而會更想一探究竟。人類就是這麼一種愈被禁止就愈想做的生物。

而這種心理又叫「卡里古拉效應」，其名字源於一部一九八〇年在美國上映的電影《羅馬帝國艷情史》（Caligula），由於其內容過於極端而在波士頓遭到禁播，但電影卻因此聲名大噪。

善用禁止法

用一般方式拜託
高難度工作只會遭拒

「這件工作非常困難，但你能幫忙嗎？」誠實傳達當然會被拒絕。

非得讓對方做的時候
不如適當地退一步

「這件工作十分困難，但感覺你應該很忙沒辦法幫忙？」刻意用稍微謙遜的態度試探時，對方反而會願意盡可能予以協助。

無論愛情中的推拉，還是生意上的談判，又或是上司與下屬之間的溝通，這個方法在各種場合都能派上用場。像是「非誠勿買」或「沒興趣者請關閉視窗」等廣告詞，都是典型的例子。

切記勿用力過猛以免造成反彈心理

工作上需要協助時，各位可以試著說：「這件事我想自己一個人努力！你可別說要幫忙哦？」不少人聽了之後，心中都會不由得產生「想幫忙」的想法。

如果是於戀愛中的推拉，「不要喜歡上我」或「不要約我」等台詞都很好用。因為這會對方會忍不住想：「喜不喜歡還得由我自己決定！」於是開始在意起你這個人來。而當被問道：「昨晚做了什麼？」各位一定要回答：「別問，我不想說。」這招肯定能讓絕大部分的人上鉤並追問道：「為什麼？怎麼了嗎？告訴我嘛！」至於想要邀對方來家裡時，只要用「別來，我家都是些見不得人的東西……」這句話就能搞定，對方聽了一定會「想去得不得了」。

當然，面對談戀愛以外的對象，可千萬不能說「不要喜歡上我」或「不要約我」。此外，想設下界線或保持距離時，則可以先表明：「我已經有喜歡的人了。對方是你完全不認識的人……單戀很辛苦呢。」

MISSION

詰問不願反省的人

5-3

◎

能說說你理解了什麼嗎？

✕

（既然都說知道了）

那麼，下次就拜託囉。

說著「知道啦！知道啦！」的人其實什麼也不知道

在指導不守時或因粗心大意而犯錯的人時，難免會遇到對方用不耐煩的語氣回應道：「知道啦！知道啦！」然而大多數的情況下，對方根本就沒有理解。

這時只要再次確認道：「那麼，你是如何理解的呢？」就能發現對方壓根就沒有把話聽進去。當然，對方也可能只是單純覺得問的人很煩，但其惱羞成怒的表現，就是心虛的證據。比起在未來改進，這種人在心態上更傾向於懶得做麻煩事。首先，要是對方能說出「對不起」等悔過的話，就是個好的開始。

自尊心強的人的口頭禪

「我知道啦！」

「我懂、我懂。」

帶有怒意的「我知道」是自尊心受創時的典型應對。

「這是常識吧。」

「我沒興趣。」

對自己的話極度自信的人總是滿身傲氣，這類人往往對他人不感興趣。

MISSION

敷衍消極之人

5-4

✕

事情不要都只看到負面啦。

◎

原來如此……

也是能那麼想呢……謝謝。

用感謝讓只會批評的人住嘴

跟總是在話語中輸出負能量的人相處實在很累人。但當我們再也聽不下去，於是開始跟對方講道理、發表看法或提出抗議時，最終只會演變成永無止盡的否定大戰。有鑒於他／她們「覺得其他人都是笨蛋」，同時又非常渴望獲認同的特質，採取跟這種行為本身相反的舉動才是明智的選擇。換言之，當遇到愛批評的人時，不要硬碰硬地講道理，感謝並敷衍地接受反而才能對症下藥。

譬如各位可以說：「感謝您寶貴的意見」或許在說的時候，心底可能會有點不快，但若能忍下這口氣，就能停止後續的攻擊。

只要展現理解的態度，對方之後就不會再干涉了。

如何對付愛挑毛病的人

坦然接受對方的話

回答「原來如此」、「我理解了」等等，無論對方說什麼都全盤接收，讓對方能夠接受。

用感謝敷衍帶過

不要正面衝突，而是用「謝謝」或「感謝協助」等感謝的話來帶過，讓對方無法繼續批評。

MISSION

改善零配合度的狀況

5-5

✕ 規則就是要遵守啊。

◎ 從今天起，就由你擔任我們部門的PR哦。

愛抱怨的人 反倒要讓其從事顯眼的工作

不管哪個組織裡，都有老愛與公司規範或風氣針鋒相對的人。面對他／她們時，我們不要憤恨地說：「討厭的話就離職啊……」更圓融的作法應該是利用「團體認同」的心理，讓這些人喜歡上公司。

團體認同是指人對其現在所處的集團抱持著引以為傲的心態，這種心理會讓人願意接受規範，並對團體產生感情。

舉例來說，若任命這種人擔任公司或部門的公關，不管其本身願不願意，他／她們都得宣傳該集團的優勢。於是乎這些人便會開始積極地把規範或社會風氣等，納為自己的價值標準，然後最終自然而然地就會具備愛公司的精神了。

典型的團體認同

使用公司特有的專屬用詞

例如女僕咖啡廳的「歡迎回家」等，特殊專屬用詞也是一種團體認同的表現。

穿著統一裝束的樂團粉絲

視覺系樂團的粉絲們就像穿制服般，大家都打扮得和樂團成員一模一樣。

MISSION

不提醒也能使對方改掉壞習慣

5-6

◎

你的手真漂亮。

✕

不要咬指甲比較好哦。

最好在不經意間引起對方的注意

人們擁有的壞習慣五花八門，有人一緊張就會咬指甲、抖腳，有些人則是會頻繁眨眼等。這些舉動又叫「自我安撫行為」，意指人為安撫自己緊張或不安的情緒，在無意間做出的行為。然而如果直接說：「不要這樣，很難看！」只會讓對方備感壓力。比起直接出言提醒，我建議改成稱讚該部位會更好，例如「手很漂亮」或「指甲很乾淨」，又或是「眼睛令人印象深刻」等等。因為當人們自己意識到時，能更容易收斂壞習慣。

此外，我們也可以讓人刻意做這些壞習慣。根據某實驗顯示，每當受試者刻意去做這些行為時，心中就會產生牴觸感，於是漸漸就不再做了。

壞習慣有得治？

嘗試讓對方注意到

有壞習慣的人通常都不自知，因此只要讓對方注意到，就有改善的機會。

漸漸減少行為

不要急於馬上停止該行為，而是有發現時再改正，反覆多次後就有機會能治好。

MISSION

提高話語的可信度

5-7

✕ 因為我不會失敗。

◎ 我以前曾做過採購，所以我很熟悉。

具體描述更容易傳達

當各位想在簡報或行銷中，宣傳某個具有吸引力的企劃時，無論講得多麼天花亂墜，若沒有給出具體事例或不會失敗的理由，恐怕很難說服對方。關於這個「具體的力量」，華盛頓大學的心理學家Brad Bell已證明——「說話愈具體，可信度就愈高」。

然而，雖說描述要具體，但我建議不要講到給出結論，例如「如此高性能又比其他公司便宜的產品，不買是您的損失哦！」就是個反例。因為根據人類的心理，比起被他人說服，我們其實更喜歡靠自己獲取的資訊自行判斷。尤其是「暗示性說服」對於多疑、理性思考或對自我判斷有自信的人會是很有效的手法。

傳達力的各種用法

追根究底的類型則用暗示為佳

面對會積極調查或查證的類型時，反而要有所保留，不要強迫對方。

對超被動的人應具體給出結論

如果對方是理解能力較低或不會自己繼續深挖的類型，傳達應盡可能簡明又具體。

MISSION

讓對方在不知不覺間接受許多要求

5-8

◎ 要不要再加購這項產品呢？

✕ 整組買最划算哦！

單價販售比整組賣感覺更划算

人一旦先接受了某個條件，面對之後的要求心理上就會比較難拒絕。所以銷售中有個基本技巧叫「低飛球策略」，它利用人的上述心理，先讓對方接受簡單的請求，然後再逐步追加其他要求。

舉例來說，當看到「百元漢堡」的最低條件時，顧客就會因覺得「便宜」而在購買欲的驅使下進入店內，但隨後店員便會開始推薦：「要不要再搭配個薯條或飲料呢？」結果當顧客回過神時，才發現自己連炸雞塊都買了。

忽然要一口氣買整組的話可能會覺得貴，但逐一加購時，人們反而會覺得賺到了。可以說這是一個因成功率極高而聞名的策略。

讓人覺得便宜又美味的訣竅

最便宜的商品與套餐商品

麥當勞漢堡的銷量位居全球之冠，但並不代表它是全世界最好吃的漢堡。與薯條和飲料成套銷售才是其魅力所在。

營造美味的形象

當然麥當勞不僅物美價廉，其他多項戰略亦發揮著舉足輕重的效果，例如角色塑造、講究設計、快速與衛生等。

MISSION

說出缺點以取信於人

5-9

✕

這是一件頂尖產品！

◎

這件產品或許有些缺點，
但在性能方面無人能及！

提及正反兩面更有可信度

在被推銷時，各位覺得只說優點的人，和好壞都說的人，這兩者誰比較有說服力呢？

相信大家應該都會覺得後者比較有良心吧。當然我們不能在一開始就都講壞處，而是應該在對方稍有好感時，確實傳達有問題的部分，如此便能與顧客建立良好的關係。

根據心理學家Hovland的實驗，愈聰明的人愈難用片面資訊說服，但若提出事物的正反兩面則更容易說服對方。此外，預先說明產品的短處與缺點也能也有效預防客訴的發生。

提示正反兩面的流程

①先傳達好的一面

如果一開始就先講壞處，應該沒人能產生好感。

②告知負面的部分

包含與其他產品之比較在內，同時說明負面的部分能讓產品更具說服力。

MISSION

負面⇔正面

5-10

✕ 戒菸能讓您變健康。

◎ 吸菸會致癌。

負面的話更能讓人銘記於心

比起「戒菸能讓您變健康」這句話，「吸菸會致癌」聽起來更能促使人認真戒菸。像這樣對人主張負面資訊的手法叫「負面訴求」，有證據顯示此手法能讓大腦更容易吸收該資訊。

那麼「5人中有1人手術失敗」與「手術有80％的成功率」這兩句話又該怎麼看呢？如果是醫生要說明時，那當然要選擇後者，也就是正面訴求的那一方。畢竟手術這種情況雖然有必要告知風險，但實在沒必要徒增不安。一件事使用的是正面還是負面訴求，會使人們對其產生截然不同的印象。建議各位可以經常思考兩種不同的說法，善加運用。

活用負面訴求

在指導員工時 帶入危機意識

利用「做不到就減薪」等說法引發危機感，讓對方產生必須得做的想法。

廣告宣傳 適合煽動危機意識

銷售商品時，利用能煽動危機感的資訊兜售通常比正面資訊更有效。

MISSION

舉例更能有效傳達

5-11

✕ iPS細胞。

◎ 萬能細胞。

簡單舉例更容易溝通

發表簡報或指導下屬時，若必須說明某個有點難懂的內容，用什麼方法最適合呢？

長篇大論可能不好理解，太簡單又有可能偏離原意。這時最好用的技巧其實是舉例。

例如，諾貝爾生理學或醫學獎得主——山中伸彌教授所研究的「iPS細胞」，這個專業術語在新聞中多被稱為「萬能細胞」。不要照本宣科，而是以舉例的方式描述，人們瞬間就能豁然開朗。除了舉例外，各位也可以使用譬喻句型，像是「就如△×一般」，就能讓對方有更深刻的理解。

舉例的用法

○ iPS細胞是一種能變成任何細胞的萬能細胞

講出重點，困難的單字一點就通。

× iPS細胞是一種多能性幹細胞

列舉諸多困難的專有名詞很難傳達，用對方不懂的單字加以說明只會讓理解難上加難。

監修

齊藤勇

立正大學名譽教授。日本商務心理學會會長。主要著作與監修的書籍作品有《圖解有趣的生活心理學：零概念也能樂在其中！》（台灣東販）、《思い込みで誤った情報を選択しないための必須教養　認知バイアス　見るだけノート》《思わためしてみたくなる マンガ 心理学1年生》（TOMONI寶島社刊）、《イラストレート心理学入門》（誠信書房）、《誰とでも会話が続く「相づち」のコツ》（文響社）等。

STAFF

構成	坂尾昌昭（トキオ・ナレッジ）
編輯協助	有田帆太（アジール）
插畫	栗生ゑゐこ
藝術指導	酒井由加里（Q.design）
設計	酒井由加里（Q.design）

ズルい言い換え事典
ZURUI IIKAE JITEN

Originally published in Japan by NIHONBUNGEISHA Co., Ltd.,
Chinese (in traditional character only) translation rights arranged with
NIHONBUNGEISHA Co., Ltd., through CREEK & RIVER Co., Ltd.

拒絕不敢說、擔心說錯話？

小心機「換句話說」事典

出　　版／楓葉社文化事業有限公司
地　　址／新北市板橋區信義路163巷3號10樓
郵政劃撥／19907596 楓書坊文化出版社
網　　址／www.maplebook.com.tw
電　　話／02-2957-6096
傳　　真／02-2957-6435
監　　修／齊藤勇
翻　　譯／洪薇
責任編輯／林雨欣
內文排版／謝政龍
港澳經銷／泛華發行代理有限公司
定　　價／350元
出版日期／2024年3月

國家圖書館出版品預行編目資料

拒絕不敢說、擔心說錯話？小心機「換句話說」事典 / 齊藤勇作；洪薇譯. -- 初版. -- 新北市：楓葉社文化事業有限公司, 2024.03　面；　公分

ISBN 978-986-370-657-1（平裝）

1. 溝通技巧 2. 說話藝術 3. 人際關係

177.1　　113000654